童／眼／识／天／下／科／普／馆

乡村的四季

童心 ○编绘

U0314340

化学工业出版社
·北京·

图书在版编目（CIP）数据

童眼识天下科普馆.乡村的四季 / 童心编绘.—北京：
化学工业出版社，2024.4
ISBN 978-7-122-45049-4

Ⅰ.①童… Ⅱ.①童… Ⅲ.①常识课-学前教育-
教学参考资料 Ⅳ.①G613

中国国家版本馆CIP数据核字（2024）第039684号

童/眼/识/天/下/科/普/馆

乡村的四季

责任编辑：田欣炜   美术编辑：张 辉
责任校对：宋 夏

出版发行：化学工业出版社（北京市东城区青年湖南街13号 邮政编码100011）
印 装：北京宝隆世纪印刷有限公司
787mm×1092mm 1/12 印张5 字数80千字 2024 年 5 月北京第 1 版第 1 次印刷

购书咨询：010-64518888   售后服务：010-64518899
网 址：http://www.cip.com.cn
凡购买本书，如有缺损质量问题，本书销售中心负责调换。

定 价：25.00元

·前言· *Foreword*

　　季节，是大自然创作出的最美好的画卷。春天如画、夏天似火、秋天像诗、冬天若梦，一年中，四季轮番展示着自己的风华，带给我们不同的期待和惊喜。

　　本系列是专门为孩子精心制作的一套图书，每一本都用娓娓道来的语言和精美细致的手绘图片讲述了生动有趣的科普知识。为了与小读者良好地互动，每本书中都设有一位动物主人公，它会带着孩子们到不同的环境去聆听大自然，细数大自然的美好，感受四季轮回的魅力。

　　一场春雨过后，农民伯伯们便在地里撒下一粒粒充满希望的种子；到了夏天，田园里的瓜果蔬菜在阳光的滋养下，显得愈发诱人可口；秋天里，金色的田野和收割机轰隆隆的声音昭告着一场大丰收；寒冷的冬日，袅袅的炊烟使乡村在冰天雪地里看上去格外温暖。

　　怎么样？乡村的四季别有一番特色吧！那还等什么？赶快走进《乡村的四季》，和机灵的小虎斑猫咪咪一起去领略四季如画的乡村吧！相信，你一定会爱上这里的！

目录
Contents

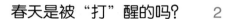

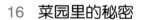

春　夏
秋　冬

春天是被"打"醒的吗？

微微的寒风表明冬天还没走远，和煦的阳光诉说着春天即将到来。咪咪正趴在屋顶上晒着太阳睡懒觉，远远看去像个棕黄色的绒球，它是一只三个月大的小虎斑猫。睡得正香，咪咪突然被一阵噼里啪啦的鞭炮声吵醒了，它睡意惺忪地睁开眼睛，就看到小主人兴高采烈地出门去了。你要去哪儿？带我一起去吧！咪咪"喵喵"地叫着，追着小主人一齐出去了。

打春牛，迎春来

咪咪跟着小主人来到村子中央，那里有一大片空地，现在熙熙攘攘地挤满了人。咪咪灵活地穿过人群，就看见一头纸糊的"牛"立在中间，几个人拿着细细的杨柳枝轻轻鞭打着这头"牛"。这头牛犯了什么错，为什么要打它呢？咪咪的大眼睛里写满了疑惑。后来，它从村里人的交谈中明白了：原来啊，今天是立春，大家是在"打春牛"呢。

不一会儿，纸被打破了，各种谷物和糖果从春牛的肚子里跑了出来，小主人和其他小朋友纷纷去捡糖果吃，春天就这样被"打醒"了！

春天是一切的开始

"打春"是立春的俗称，立春打春牛，打去冬天的懒惰，打来一年的丰收。春天是耕种的季节，人们除了打春牛，还立春幡、吃春饼，变着花样儿地庆祝春天的到来，祈愿一年的风调雨顺。咪咪也很开心，因为春天一到，它就可以去草地里打滚，去花丛中扑蝴蝶，去小溪里捕鱼。住在房檐下的燕子朋友也要回家了，它们又可以一起愉快地玩耍了。

小草大树发嫩芽

春日里的阳光正好，咪咪睡醒了觉，伸了伸懒腰，迈着优雅的步子走出了家门。它从乡间小道一路走到田野间，走着走着，咪咪发现春天送给村庄一件绿色的"外衣"，穿上新衣的村庄整个儿焕然一新了。

春风吹又生

小草在整个冬天一直被冰雪压住不能起身，春天一到，它们便首先苏醒过来。在人们不注意的时候，小草一根两根，接连着冒出了头，它们从泥土中向上伸展着身体，褪掉泛黄的枯草"外套"，以一个嫩芽的姿态破土而出。满地的小草兴致高涨地随风摇曳，尽情呼吸着春风吹来的新鲜空气，这一冬天，可把它们给憋坏了。

春天是发芽的季节

咪咪爬上树干，好奇地看着枝头的嫩芽，植物为什么只在春天发芽呢？其实啊，一些植物是很怕冷的，秋冬时由于日照时间变短，气温降低，让植物不得不进入休眠状态来抵御寒冷。等到了春天，日照时间变长，气温回暖，回升的温度可以促进植物体内蛋白质的合成，新生的嫩芽就长出来了。

大树换新衣

咪咪走到了村头，看到那棵守护村庄百年的老槐树也披上了新绿。嫩绿的小树芽儿在和煦的阳光下怯生生地探出头。很快，这些树芽儿就会变成大树叶，郁郁葱葱地挤满整个树枝，让大树重现去年的英姿。

尝一尝野菜的"野"味

小主人背上小背篓，装着小铲子，和爸爸妈妈上山去了。他们出去玩，竟然不带我？咪咪决定偷偷跟上去，看看他们到底做什么去了。

山珍"野"味真不少

小主人一家走到半山腰，蹲下身在地上挖着什么。咪咪这才知道，原来他们是来挖野菜了。山里的野菜可真不少，荠菜、马齿苋、婆婆丁、蕨菜……个顶个长得旺盛。小主人他们挖点儿这个，挖点儿那个，不一会儿，便填满了小箩筐，一家三口高兴地下山去了。咪咪也紧跟着回家，看来今天晚上会有一顿丰盛的野菜大餐了。

野菜是个宝

野菜营养价值高，口感又清爽，村里人都爱吃野菜。不同的野菜有不同的功效。比如荠菜可以清热，婆婆丁对肝胆好，苦菜富含丰富的微量元素……野菜还有很多的吃法，把野菜洗净后，用水焯一下，可炒可蒸可凉拌，切碎了放在面条上当菜码，剁成馅儿包饺子，或者同米一起煮成野菜粥，不论哪一种做法都美味无穷。

碱

好吃但不能乱吃

好吃的野菜千千万，有毒的野菜也有很多种。咪咪可要告诉你，不认识的野菜一定不能乱吃，一不小心可是会中毒的哦。即使是可以食用的野菜，也要注意烹调方法，更不能吃得太多，不然也是会中毒的。食用野菜后一旦出现中毒的症状，可以首先采取催吐的方法，也可以喝些牛奶、鸡蛋清等中和毒素，最重要的是及时去医院治疗，不然可就麻烦了。

咪 咪散步到了村口的池塘边，前一阵子，这片池塘还一片荒寂，现在完全变了个样。池塘边的小草柔柔地飘摇着，柳树吐出了新芽，与池塘中的倒影交相辉映。咪咪看着泛着柔波的池水，试探着伸出小爪子，还没碰到池水，就赶紧把爪子缩回来了，如果水很凉可怎么办呀。

小鸭子游啊游

池塘里碧波荡漾，在阳光的照耀下，像一块翠绿欲滴的翡翠。咪咪站在池塘边，就见一群嫩黄的小鸭子摇摇晃晃地跟在鸭妈妈身后走了过来，它们一个接一个地走进池塘，排着队浮在水面上游来游去，时不时还低头喝一口池里的水，开心得"嘎嘎"直叫。

池塘边的春日聚会

小鸭子的叫声引来了其他小动物。蝴蝶在池边的野花丛中飞舞，瓢虫隐藏在树叶上。百灵鸟刚从南方飞回来，它为大家演唱着一曲婉转动听的歌。青蛙在池塘边的草丛里，"呱呱"地赞美着百灵鸟的歌声。远处树下的老黄牛"哞哞"，隔壁羊圈里的山羊"咩咩"，邻居家的小狗"汪汪"，小动物们你一言我一语，诉说着春天的故事。

柳絮飞呀飞

咪咪没有加入动物们的交谈，它正在池边的柳树下玩柳树枝呢。随风摇曳的柳枝对咪咪来说简直是最好的玩具，但落下来的柳絮总是被吸到咪咪的鼻子里，害得它直打喷嚏。柳絮是柳树的种子，飘洒的柳絮像白色的毛毛小雨一样，落在植物上，落到农户的院子里，再被风吹到远处的田野上扎根生长，长成一棵棵新的柳树。

粉色的桃花盛会

村庄附近的山上有一个果园，里面有片桃林，春意正浓时，就是桃花开得正艳的时候。一树树的桃花连成一片，组成了一片粉色的花海。咪咪经常趁主人不注意，偷偷溜到桃林去，趴在树干上闻着桃花的香气睡午觉，那感觉惬意极了。

桃之夭夭，灼灼其华

每年的3到4月份，是赏桃花的最佳季节。一朵朵粉嫩的桃花聚集在枝头，有的含苞待放，像羞羞答答的小姑娘；有的烂漫盛开，像大大方方的小公主。它们相互簇拥着赶来参加春天的舞会，蜜蜂和蝴蝶是它们的舞伴，春风给它们伴奏，"乐声"响起，它们便轻轻摇晃着，在枝头随风起舞。

桃花能长成桃子吗？

桃子清甜的味道让它成了男女老少喜爱的水果。桃子是结在桃树上，由桃花变成的。是不是所有的桃花都可以结出桃子呢？咪咪悄悄告诉你，其实桃树分为花桃和果桃两种。花桃树只开桃花不结果，即使结果也不能食用，一般只用来观赏，而果桃树是可以结出桃子的。春夏之际，吃一个清爽香甜的桃子，那滋味别提多享受了。

桃花？樱花？

桃花和樱花都是粉色的五片花瓣，有时真是让人傻傻分不清楚。咪咪告诉你一个分辨的好方法：樱花的每片花瓣上都有一个名叫"花裂"的小缺口，而桃花的花瓣圆润，没有花裂，还有很多品种的桃花甚至有很多片花瓣。用这个方法区分桃花和樱花，是不是就变得简单多了？

清明时节雨纷纷

门外的小雨淅淅沥沥地下着，门内的咪咪闷着头睡大觉。这时，开关门的声音传了过来，它抬起头看了一眼，原来是主人冒着细雨出门了。"咦，主人去干什么了？"咪咪歪着头，一脸疑惑。咪咪，告诉你吧，今天是清明，主人是去扫墓了。

清明做什么？

"清明"既是二十四节气之一，也是一个传统节日，一般在春分后的十五天左右。国家规定的清明节日期是每年的4月5日左右。在这一天，人们会去给先人祭祀扫墓，表达他们的怀念之情。清明也是郊游踏青的好日子，咪咪的小主人最喜欢在这个时候和朋友们一起去荡秋千、放风筝了。只可惜这几天外面阴雨绵绵，小主人只能跟咪咪一样，被困在家里了。

清明为什么总下雨

清明前后经常是阴雨绵绵的天气，这是为什么呢？咪咪很好奇。咪咪，我来告诉你，清明时节，海洋的暖湿气流不停地向大陆输送，大气层里的水汽比较多，水汽一到晚上就容易凝结成细雨。清明的雨将春风吹来的灰尘和风沙清洗得干干净净，空气中都是清新的泥土味道，可新鲜了。咪咪深深吸了口空气，感觉自己也变得干净多了。

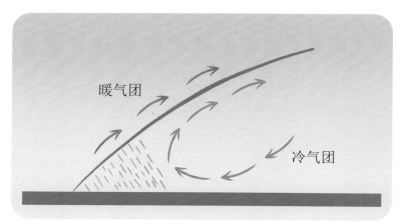

暖气团

冷气团

清明时节农事忙

干渴的田地在喝饱了雨水之后终于变得湿润起来，这可把主人高兴坏了，因为他们要开始种庄稼了。老话说"春雨贵如油"，酣畅淋漓的春雨让农田喝饱了水，这为春耕做好了准备。

播种开始啦！

大清早，小主人还在睡觉，他的爸爸妈妈已经在田地里忙活了。咪咪爬到房顶上，看到爸爸妈妈辛苦地在为播种做准备，他们要做的事情可多了呢。

播种之前

在播种前，要先翻耕土壤。咪咪看到小主人的爸爸用犁把田里的土铲起再翻转过来，干硬的土壤就被翻得松松软软的了。小主人的爸爸在犁地之前，已经在土上施了肥。犁过地后，肥料被盖在土里，土地中就会富含很多营养。之后种在上面的农作物吸收了这些养分，才会长得又快又好。

种什么得什么

小主人起床之后也去帮爸爸妈妈干农活了。咪咪看到小主人把种子倒进播种机，然后爸爸开着播种机在田里播种。这片地种小麦，那片地种玉米，再辟出一块地方种大豆……小小的种子被埋进土壤里，等它们吸足了水分和营养，就会破土而出，长成一棵棵苗壮的小幼苗。

粒粒皆辛苦

虽然播种结束了，但真正的农事才刚刚开始。小主人一家要一直精心照顾这些农作物，按时浇水、施肥，还要保护它们不被鸟儿和害虫吃掉。每一株麦苗、每一棵豆秧都是受到这样的悉心照料，才能让收获的粮食登上人们的饭桌，所以咪咪希望大家不要浪费粮食哦。

菜园里的秘密

咪咪正在院子里懒洋洋地晒太阳，一只大胆的小老鼠竟然从它眼前跑过，一溜烟儿地跑进菜园子里去了。咪咪很生气，后果很严重，它立马冲进菜园去抓老鼠……

菜园里有什么

咪咪一把抓住了老鼠，将它丢出了菜园。"哼，竟然小瞧我，让你尝尝我的厉害！"咪咪骄傲地昂着头。它正要往回走，却惊喜地发现菜园里长出了绿油油的蔬菜，这应该是女主人前些日子种下的吧。瞧，黄瓜秧已经开始爬藤了，绿叶之间还隐约能看到几朵娇俏的小黄花；旁边的一畦地种的是萝卜，嫩生生的萝卜缨散发着清香的味道；再往一边看，是两畦豆角，豆角藤已经攀上了高高的豆角架。

再看看其他蔬菜，茄子、土豆、辣椒、西红柿、白菜……有的还没有长出叶，有的已经结了果。新鲜的蔬菜上带着晶莹的露珠，让人一看到就想尝一口！

种菜的时机

种菜可不是一件容易的事情，不同的蔬菜有不同的栽种时间。有的菜喜欢待在冷一点的地方，所以在初春天气还有些微凉时是种这类菜的好时候。还有一些菜喜欢在温暖的地方生长，但日夜温差要大，它们才能长得快。什么时候种什么菜要分清楚，这里面的学问可大着呢。

油菜花开满地黄

温暖的春日，光芒铺满大地，照耀在油菜花田上，仿佛更加灿烂了。大片大片的油菜花开满田野，黄澄澄的花瓣灿烂却又朴实，这就是春天的颜色。

顽强的种子

别看油菜花柔柔弱弱，好像只能用来观赏的样子，其实它是一种很坚强的植物。冬天休耕时，村民在田地里撒下油菜籽，长出的油菜苗会在风雪中顽强地度过几个月，一到春天，它们就会迅速生长，在鲜绿的叶子中抽出长长的薹，开出嫩黄的花儿，组成一片灿烂的花田。

油菜花海

咪咪漫步在油菜花田间，从花田上方往下看，你都找不到它在哪里。如果爬到山头上去看，连成一片的油菜花田就像一片金色的海洋，春风吹动花枝，油菜花海就会荡起一波波"海浪"。

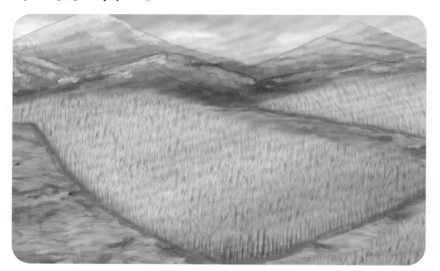

全身都是宝

油菜花可不只是长得好看而已，它的浑身上下都是宝。油菜花可以拿来拌凉菜，油菜花蜜营养价值很高，油菜籽是制作植物油极好的原材料，油菜也是人们餐桌上常见的美味蔬菜。油菜花才不是那种中看不中用的花朵，就像它的谐音一样，它是真的"有才华"。

夏天到了，热、热、热！

春姑娘悄悄地走了，火热的太阳宣告夏姑娘已经到来。咪咪很喜欢夏天，它喜欢夏天的阳光，喜欢老槐树下的阴凉，喜欢池塘里的荷花，还喜欢暴雨过后的彩虹……夏天里的美好事物简直太多了，咪咪都有些迫不及待想看到夏天的到来了！

热烈的夏天

每年的5月6日前后一天，被称作"立夏"，到了立夏，就意味着夏天已经拉开了帷幕，正式登场了。夏天是一年之中最热的季节，平均气温在22℃以上，盛夏的时候，一些地方的气温能高达40℃！所以在夏天，一定要注意预防中暑。新鲜的瓜果是极好的防暑良品，其中西瓜尤其受到人们的喜爱。不过咪咪可要告诉你，西瓜好吃也不能多吃，吃多了可能导致肠胃不适，是会拉肚子的，那滋味可不好受。

来一场夏日的狂欢

在春天还羞答答不敢盛开的花儿们，到了夏天突然变得奔放起来，一朵两朵竞相开放，争奇斗艳。村口的老槐树也开了花，满树洁白的槐花散发着阵阵幽香，引得蜜蜂和蝴蝶都为它们沉醉了。热辣的阳光照得田里的庄稼绿油油的，展现着勃勃生机。夏天里的一切都是一副欣欣然的样子，一场夏日的狂欢即将开始，快和咪咪一起加入这场盛会吧！

怎么办？田里虫虫在捣蛋

村庄的田地里出现了害虫，它们吃掉地里的麦苗和豆秧，又去祸害菜园里的蔬菜，害得麦苗都生病了。大家都很讨厌这些害虫，咪咪也最讨厌它们了！

坏蛋蝼蛄

蝼蛄生活在潮湿阴暗的土洞里，一双钉耙似的前足，强壮有力，专门做伤害庄稼的坏事。它们藏在地下吃农民伯伯撒下的种子，咬食庄稼的根部，害得农作物都不能好好地生长，是农田里臭名昭著的大坏蛋。

蚜虫危害大

蚜虫的种类特别多，繁殖能力强，成群的蚜虫会聚集在叶子上吸食植物的汁液，破坏植物的细胞，使它最终枯萎死掉。蚜虫分泌出的水分和蜜露，会使植物生病。所以如果庄稼枯萎或者变得虚弱，蚜虫很可能就是罪魁祸首。

害虫怕什么？

害虫嚣张不可怕，农民伯伯有办法。比如蝼蛄会向光源靠近，在夏天闷热的天气里，农民伯伯会用黑光灯将地里的蝼蛄引诱出来消灭掉。针对不同的害虫，还有不同的杀虫药可以解决它们。将杀虫药与水按比例混合喷洒在农作物上，或者拌进土里作为食饵，害虫只要接触到杀虫药，就会一命呜呼。

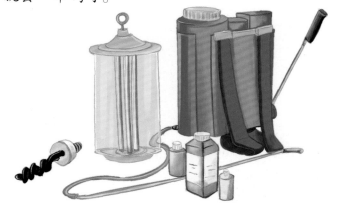

秧苗快快喝饱水

村里的狗狗大黄又来找咪咪玩了，咪咪有些烦它，因为它总是追着自己跑。咪咪一直被它追着跑到田野间，突然下了一场"小雨"，把大黄吓跑了。"小雨"没一会儿就停了，咪咪一看，原来是农民伯伯在喷灌稻田啊。

种稻先育苗

水稻可不是说种就种的，种水稻之前，要先在秧田里培育好秧苗。等到秧苗长到大约8厘米高的时候，就可以将秧苗移栽进稻田里了。当稻苗长出第一节稻茎时，肥料小帮手就可以出场了。适当的施肥可以帮助稻苗更加茁壮健康地成长，让稻苗长得又快又好。

南北水稻大不同

水稻喜欢温暖炎热，十分害怕寒冷。所以北方的水稻一年只能种一季，每年的4月份播种，10月份收割；而南方由于气候温暖湿润，一年可以种2季水稻，一季在4到7月份播种收割，另一季在7到10月份之间生长收割。

小小秧苗快长高

到了夏天，稻苗要进入花期的时候，农民伯伯就需要灌溉一次稻田，保证稻苗可以喝得饱饱的。不过水稻也不能长期生长在水里，村民们要根据水稻的生长情况，选择适合的时机进行"晒田"，把稻田里的水排干净，增加土壤的氧气含量。只有这样，秋天的时候水稻才能结出饱满的稻谷来。

菜园的夏天真热闹

要吃午饭了，咪咪跟着小主人去菜园里摘菜。夏天的菜园真热闹，红的、黄的、绿的、紫的蔬菜全都新鲜极了！它们挂在枝上轻轻晃动，仿佛在说："快来摘我！快来摘我！"

黄瓜的收获

架子上的黄瓜翠绿又新鲜，长长的圆柱体一头还顶着开败的小黄花。新鲜黄瓜的表面很粗糙，上面还有尖尖的小刺。咪咪伸出爪子，有些不敢碰它。小主人可不怕这些刺，他借着菜园水管中的清水把黄瓜清洗干净，然后一口咬下去，清爽的香气就在口中蔓延开来，清脆的口感让人欲罢不能。咪咪看着小主人吃得那么香，也有些流口水。

是蔬菜不是水果

西红柿红彤彤、圆滚滚的，它们三三两两结伴簇拥着生长，把柿秧都压弯了腰。西红柿酸酸甜甜的，经常被误以为是一种水果。但其实，西红柿和茄子是一家人，它确确实实是一种蔬菜。它们不仅可以做成各种菜肴，还可以做成美味的番茄酱。那滋味，咪咪实在喜欢极了。

小红灯笼矮矮挂

咪咪还看到一种蔬菜，它有着辣椒的颜色和青椒的形状，吃起来却一点也不辣，那是什么蔬菜呢？它呀，就是辣椒家族的一员，人称"灯笼椒"。灯笼椒和它的辣椒亲戚不同，它一点都不辣，还有一点点酸甜的味道，除了有"红灯笼"，还有"黄灯笼"，它们一起挂在矮矮的彩椒树上，在阳光的照耀下看起来可亮堂了。

果园里的水果香

甜甜的香气传到了咪咪的鼻子里，这是山上果园里的水果成熟了。咪咪偷偷跑到了果园里，瞬间就迷醉在这果香之中，咪咪觉得自己更喜欢这个夏天了。

酸酸的李子

紫色的李子晶莹剔透，看起来十分可口，可是咬一口却酸得人直皱眉头。但酸酸的李子可以促进分泌胃酸，对改善食欲、促进消化很有帮助。李子中还含有丰富的抗氧化剂，可以抵抗衰老、美容养颜，是女孩子最爱的"超级水果"。

大大的西瓜

说到夏天大家就会想到西瓜，西瓜的颜色就是夏天的颜色。翠绿的西瓜皮是夏天的树荫，红红的果肉代表着夏日的火热。在炎炎的夏日，切开一个西瓜吃上几口，清甜爽口的味道立刻驱散了所有炎热，让人立即凉爽起来。

亲一亲樱桃

小巧玲珑的红樱桃娇滴滴地挂在樱桃树上，那可爱的模样让人忍不住想亲一口。一口一个小樱桃，酸酸甜甜的果汁在嘴里散开，这就是夏天的味道。樱桃中含有丰富的铁，常吃樱桃有益于健康，还可以缓解贫血。

水果的香气

水果明明不是花，为什么咪咪还能闻到它的香味呢？其实在水果中含有和花朵一样的芳香物质，当水果成熟后，它的香气就会散发出来。香蕉、菠萝等水果都有着独特浓郁的香气。在古代，人们会用水果代替焚香摆在屋内，甜蜜清新的水果香气就会充满整个房间。

向日葵爱阳光

咪咪追着一只蝴蝶奔跑在乡间的小路上。可是，蝴蝶飞进一片花丛中就不见了。咪咪失落地回过头，却看见眼前金灿灿的一片，咪咪太惊喜了，田里竟然种了一片"小太阳"！

陆地上的"小太阳"

向日葵有着长长的茎，大大的花盘，大片心形的绿叶向外伸展，金黄细长的花瓣烂漫地盛开。向日葵的花心是它的果实，果实未成熟时是浅浅的黄色，就像一个"小太阳"，包围花心的花瓣就是太阳散发的光芒。一大片向日葵花田使村庄看起来暖洋洋又亮堂堂。

炒瓜子真香！

向日葵成熟时，村里人都会支起一口炒锅，将熟透的葵花籽放进锅里不断地翻炒。被炒得黑亮的葵花籽香气四溢，自带的油香飘满了整个村庄。将炒熟的葵花籽盛出晾凉，老少咸宜的瓜子就做好了！用牙轻轻嗑开外壳吃掉果仁，满嘴的香气，让你吃得停不下来！

向日葵的使命

在春天的时候，向日葵的种子就被撒在了地里，大约过了一周，向日葵就长出了小嫩芽。村民严格按照向日葵的生长规律，为它浇水施肥，除草授粉，多亏有他们，向日葵才能如此绚烂地生长。但开花不是向日葵的最终目的，当它的果实成熟，花心变成黑色的时候，向日葵的花瓣会一片片脱落，只留下一个满是葵花籽的花心，到那时，向日葵的使命才真正完成了。

暴风雨，轻一点

在院子里和小主人嬉戏的咪咪突然听到一阵"轰隆、轰隆"的声音，天空中乌云密布，小主人的妈妈一边收起晾在院子里的衣服，一边催促他们快回到屋子里，暴风雨就要来了！

乌云乌云快走开

积雨云吸走了附近所有的水汽，变成一片庞大又厚重的乌云，将原本晴朗的天空整个覆盖住了。积雨云的情绪很不稳定，它一生气就会上蹿下跳，天空里就放出了闪电和雷鸣。当它气得哇哇大哭，雨点就噼里啪啦地落到地上。暴雨对农民伯伯不太友好，特别大的暴雨有时会把庄稼全都毁掉，严重时还会引起山洪和泥石流。

打雷真可怕

天空传来了"轰隆隆"的巨响，这声音实在太可怕了，咪咪吓得躲在小主人的怀里直哆嗦，小主人不断抚摸它的脑袋轻声安慰它。为什么打雷的声音这么大呢？其实那是空气爆炸的声音。乌云在上下窜动的过程中，在天空的上下方产生了静电。当上、下两股静电相遇，就会使周围的空气突然发热膨胀，然后"嘭"的一下就发生爆炸了。爆炸的声音通过空气传到地面，就变成了我们听到的打雷声。

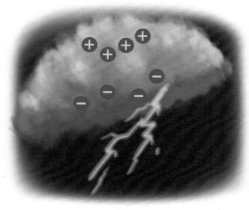

天空触电了！

下雨的时候我们不仅能听到打雷声，还会看到闪电。闪电是乌云与空气接触摩擦产生的放电现象，会发出树杈一样的白色光线。闪电与雷声是好朋友，它们总是在下雨的时候同时出现，但是地上的人们总是先看到闪电，后听到雷声。这是因为啊，在空气中，光传播的速度比声音快，而闪电是光，所以它会比雷声先出现在人们眼前。

村庄的夏夜

寂静的夜空中万里无云，只有几缕炊烟袅袅升起。吃饱喝足的咪咪伏在小主人的腿上，享受着夏夜清凉的风，舒服地闭目养神。

星星的眼睛眨呀眨

乡村的夜空中，星星格外地多。爸爸正在教小主人辨认天上的星星，咪咪也陪在旁边一起学习。北边最亮的星星叫北极星，那几颗连在一起的星星是天鹅座……小主人听得眼睛眨呀眨，天上的星星也一闪一闪地眨眼睛。星星其实并不会闪烁，在我们看到星星之前，星光经过空气的折射一直变换着方向，所以我们看到的星星"眨眼"，那是星光躲在空气里在和我们玩游戏呢。

会发光的萤火虫

咪咪悄悄告诉你，在池塘的草丛边，也有一群会发光的"小星星"，它们就是萤火虫。有人说，没有萤火虫的夏天是不完整的。看！一群发光的萤火虫正在草丛中飞舞，它们闪闪的荧光和天上的星星交相辉映，看起来浪漫极了。

不速之客——蚊子

夏天也有让咪咪讨厌的地方。一到夏天的夜晚，蚊子就开始出没了。雌蚊子是最烦人的，它们会"嘤嘤"地叫，打扰人们休息，还会用尖尖的嘴去吸人们的血。虽然咪咪拿它没办法，可是它的好朋友青蛙是蚊子的天敌。青蛙长舌头一伸，一只小蚊子就被它消灭了。

乡村 **34**

知了知了声声叫

在夏季的午后打盹儿对咪咪来说是最舒服的事情。有暖暖的太阳，有微凉的风，还有知了的声声歌唱。绿荫之下蝉鸣吱吱，歌唱一曲最美的夏日乐章。

森林歌手

知了的学名叫蝉，"知了"是它的俗称。它可是赫赫有名的歌手，树干是它们的舞台。越是夏天最热的时候，它的歌声越响亮，仿佛是在向人们预报天气。蝉一直不知疲惫地歌唱，从春末夏初到夏末秋初，只要蝉还在歌唱，夏姑娘就还在我们身边。

知了为何歌唱？

并不是所有蝉都会唱歌，只有雄蝉才是优秀的"歌唱家"。雄蝉的肚皮上有两个圆片形状的音盖，音盖的内侧有一层薄膜，叫做瓣膜。瓣膜和音盖就是雄蝉的话筒和音响，雄蝉不断地歌唱就是为了吸引它的最佳听众——雌蝉。雌蝉听到歌声后，就会来到心仪的雄蝉身边，蓝天绿荫下，一首情歌见证了它们的爱情。

蝉蜕能治病

蝉宝宝会在地下生活很多年，它们一共要经历五次蜕皮才能长大。当蝉宝宝慢慢长大，它们会从地下爬到树干上，进行第五次蜕皮，成为一只真正的蝉。最后一次的蜕皮保留着蝉的外表，被称为"蝉蜕"。蝉蜕是很好的药材，对风热感冒、喉咙痛有极佳的疗效。

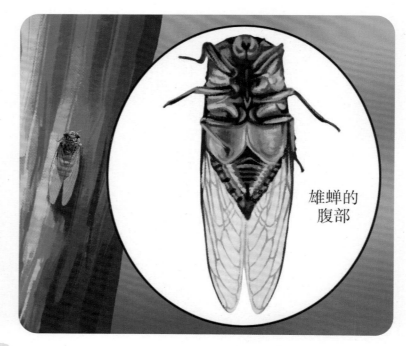

雄蝉的腹部

池塘荷花朵朵开

咪 咪闻到一阵淡淡的幽香，它想起来了，这是荷花的香气。在村口的池塘里，亭亭玉立的荷花幽幽绽放。你看，它们正笑盈盈地打招呼呢！

夏日荷花

跟随咪咪来到池塘边，树绿荫浓、碧波荡漾，池塘边的青草已经长高，上面点缀着朵朵野花。池塘里也格外热闹，其中最重要的主角就是荷花了。瞧，大大小小的荷叶占据了池塘的大半面积，高高的花梗从中竖起，顶着大大的花苞。有的花苞已经绽放，有的还羞怯地收拢着身体。咪咪真想像小蜻蜓一样长出翅膀，瞧它们在荷花间玩得多开心啊。

荷花人人爱

从古至今，荷花因为正直高洁的品行而深受人们的喜爱。"出淤泥而不染，濯清涟而不妖""映日荷花别样红"等诗句都表达了古人对荷花的赞美之情。荷花不仅可以观赏，它的莲子和莲藕全都可以食用。

出淤泥而不染

咪咪觉得荷花好神奇，它是从池塘的淤泥里长出来的，但它的身上却干干净净，这是为什么呢？荷花洁净的秘密就是它的身上有像蜡一样滑的薄膜，和一些凸起的"小包"。这些"小包"内存储着空气，当荷花从污泥中长出来时，"小包"可以阻绝污泥污水渗入花瓣。再加上滑滑的薄膜保护着花叶不受泥水的污染，荷花就可以一直干净明艳地盛开在池塘之中。

秋天，繁忙的季节

骄阳不再刺眼，天气变得凉爽起来，山羊爷爷告诉咪咪：秋天来了。秋天是消逝的季节，树叶会落下，花儿会枯萎；秋天也是收获的季节，田野里稻花香，菜园里蔬果旺。秋天要来了，准备好迎接它了吗？

立秋暑未消
秋老虎驾到

🕊 秋老虎发威了

秋姑娘虽然已经到了，可是夏姑娘还不想走。她磨磨蹭蹭地和秋姑娘耍赖，于是就出现了"秋老虎"。"秋老虎"可不好惹，只要它一发威，早晚温差就会变大，白天十分闷热，到了夜晚又会觉得凉。"秋老虎"袭来一定要重视，要根据气温变化加减衣物，防止忽冷忽热造成感冒。

🕊 天凉好个秋

每年的8月7日前后就是"立秋"，立秋一到，秋姑娘就伴着凉爽的秋风款款而来。她轻轻挥手，清晨的花草上便多了清莹的露水；她稍稍旋转，地上的落叶便随着她翩翩起舞。秋姑娘还会施展金色的魔法，只要有她在的地方，世界都会变成金黄色。山林间、村落里、田野上，到处都被她施了魔法，变成了灿烂的金色。

农田里来了个大家伙

咪咪要告诉你一件开心的事情：田野大丰收了！水稻、小麦、玉米……农田里到处都是金灿灿的。咪咪刚想扑进麦田里打滚儿，却被农田里的一个"大家伙"吓得止住了脚。咪咪很疑惑，这个大家伙是什么来头？

收割机是什么

这个"大家伙"其实就是联合收割机。这是村里今年刚买回来的好帮手，它可以一次性完成收割、脱粒、分离茎秆、清除杂物等工序。联合收割机强大的功能节省了人力、物力和时间，有了它，村民伯伯的秋收轻松了不少。

铲平麦田

咪咪被这台能干的收割机惊呆了。它看到农民伯伯驾驶着收割机从麦田那头一直铲到麦田这头，大把大把的麦子哗啦啦地全被它"吃"进了"肚子"里，麦粒被存在机器中，麦秆从收割机后面被排了出来。它铲完一片又一片，不一会儿，整片麦田都被它吃进肚子里了。

谷粒！谷粒！

收割机收完庄稼后，从身上伸出了一个巨大的管道，村民们开过来一辆农用货车，把管道对准了货车。收割机驾驶员熟练地操作，收割机谷仓里的谷粒就像瀑布一样从管道中冲了下来，很快就装满了一车。村民们载着满满的谷粒，开开心心地回家去了。咪咪不由得感叹，收割机可真厉害！

蔬菜的大丰收

丰收的季节里怎么能少了蔬菜呢？这不，菜园里的蔬菜也争着抢着赶在收获的时候成熟了。小主人和妈妈摘了满满一筐蔬菜，咪咪也在一旁跑来跑去。

是瓜还是薯？

咪咪找到一种蔬菜，长得很像红皮的土豆，女主人叫它"红薯"，小主人叫它"地瓜"。那它到底是瓜还是薯呢？严格来讲，它属于薯类。其实无论叫红薯还是地瓜，都不会改变它甜软的口感，再加上丰富的营养，所以大家都喜欢它。

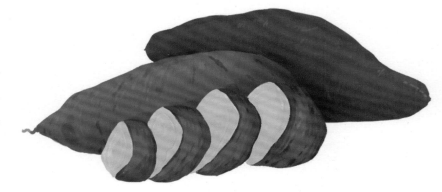

拔萝卜呀拔萝卜

俗话说"十月的萝卜赛人参"，菜园里的"小人参"也趁着丰收一个个的成熟了。萝卜都是害羞的小家伙，成熟后也埋在土里不肯出来，只把自己的菜叶露在外面，仿佛在说："你拉我，我就出来。"这时候，人们只要抓住它的叶子一用劲，害羞的萝卜就会被拔出来了。

弯弯的豆角

搭好的木架上已经爬满了豆角藤蔓，一串串豆角挂在上面。豆角的豆荚长长的，外皮有墨绿的、浅绿的、紫色的，它们的肚子鼓鼓的，里面是一颗颗豆粒。豆角的吃法很多，炒着吃、炖着吃、烤着吃，还可以剁碎了做馅……不过，豆角一定要做熟再吃，没熟的豆角含有一定的毒性，吃了可会中毒的。

苹果葡萄成熟了

丰收的时节里，当然也少不了果园里的水果们。秋天的果园缤纷多彩，远远的，咪咪就看到了红彤彤的苹果、黄澄澄的鸭梨、粉嘟嘟的桃子……再走近一点，就会闻到香甜的果香。

红苹果和青苹果

在秋天到来以前，红苹果和青苹果一样都是绿色的。可到了秋天，红苹果就瞒不住它的身份了。经过太阳一个夏天的洗礼，苹果表皮里绿色的叶绿素被分解掉，取代它的是红色的花青素和胡萝卜素，所以就变成了成熟的红色。而原本就是绿色的青苹果天生叶绿素就高，所以它怎么晒都晒不红。

葡萄一串串

葡萄还是一株小苗的时候，果农伯伯将它和其他的葡萄苗一起种在地上，并为它们搭起葡萄架。葡萄苗会很努力地生长，然后爬到葡萄架上。果农伯伯会帮它们修剪整理枝蔓，受到照料的葡萄为了表达谢意，就会在秋天结出一串串晶莹剔透的葡萄。咪咪望着架子上悬挂的葡萄，感受到了人与水果之间甜甜的情谊。

桃子香又甜

咪咪还记得春天时桃花盛开的绚烂，现在这些树上，没有了粉色的桃花，取而代之的是一个个粉嘟嘟的桃子。桃子香甜可口，咬上一口，甜津津的桃汁就会溢满口腔。不过，桃子表面长着一层短短的茸毛，这层茸毛可以减少水分蒸发、防晒、防虫，是桃子的"保护伞"，在吃之前，一定要把这层茸毛洗净哟。

秋天还有什么水果

丰收的节日里，水果怎么会少呢？不只有苹果和葡萄，还有梨子、山楂、橘子、大枣和好多水果一起，都来参加秋天的"丰收节"了。各种颜色的水果欢聚一堂，为秋姑娘穿上了最甜美诱人的秋日华服。

走，一起去挖藕

深秋时节的荷塘里已经没有荷花了，只剩下满池泥水的荷塘看着有些破败。不过咪咪可不这么认为，那泥水里可隐藏着秋天的宝藏——莲藕呢！

莲藕怎么挖？

看，村民们正在泥塘里挖藕呢。咪咪看到他们身穿防水裤或长靴，把手伸进泥里摸索，不一会儿就挖出一根又长又粗的莲藕。他们是怎么做到的呢？原来是莲藕的两片叶子帮了忙。莲藕最后生出来的立叶宽大锐利，被称为"后把叶"，后把叶是结藕的标志。后把叶出现后，藕节上也会长出最后一片叶子，这片叶子又小又厚，叶面光滑，被称为"终止叶"。挖藕时，只要找到后把叶和终止叶，它俩连线的位置，就是莲藕所在的地方。

莲藕的生长过程

早在春天的时候啊，村民们就把莲藕种上了。随着季节的变换，气温不断升高，莲藕就一点点长出叶子，抽生出莲鞭。莲鞭就是藕的"枝条"，这根"枝条"再分出几节，就长出了荷花和荷叶。莲藕吸收的养分越多，水面上的荷花就开得越旺盛。夏末秋初池塘里开满了美丽的荷花，那都是莲藕的功劳。等到荷叶枯黄，荷花凋落，一根根白胖肥大的莲藕就长成了。

好大一个藕

一整根莲藕由好几节连在一起，把它们掰开来洗干净，每根莲藕都又大又白，十分粗壮。将莲藕切开来看，你会发现莲藕中间有好多小孔，切开的莲藕之间还连着丝呢。莲藕为什么会有小孔呢？其实那是莲藕和莲叶的秘密通道，莲叶吸进来的氧气通过这些通道传给泥里的莲藕，莲藕呼吸到新鲜的氧气，就可以健康地生长了。

冬天，安逸的季节

当秋姑娘悄然离开后，冬姑娘慢慢地向我们走来。冬姑娘是个冰美人，只要有她在的地方，总是十分寒冷。溪流被冻得结了冰，村头的老槐树掉光了叶子，农田被盖上一层白茫茫的雪。可是冬姑娘也很浪漫，她会趁人们不注意的时候让梅树开花，会在大树光秃的枝头上结出漂亮的雾凇，还会积一层厚厚的雪让孩子们打雪仗。冬天，其实是一个很美好的季节。

寂静的冬天

每年的11月7日前后一天就是立冬，从这天开始到第二年的立春之间都是冬季呢。咪咪的燕子朋友和其他候鸟早在秋天的时候就飞去温暖的南方过冬了，山林里的小动物都纷纷躲起来冬眠，昆虫也都蛰伏在地底躲避风雪。冰雪覆盖的世界变得十分寂静，这让咪咪有些寂寞。

冬天的村庄

村庄可没有因为冬天的到来而变得死气沉沉。咪咪的小主人很喜欢冬天，他可以堆雪人、打雪仗，妈妈还会拿冻好的山楂给他做糖葫芦吃。村民们也有很多事情要做，他们既要照顾好冬天的农田，大棚里的蔬菜也不能忽视，还要为来年的春耕做准备。咪咪很喜欢冬天的村庄，这里既悠闲又忙碌，既宁静又热闹，它还可以窝在炕上尽情地睡大觉。还等什么，赶快来和咪咪一起享受乡村的冬天吧。

麦田盖上了白被子

刚 从睡梦中醒来的咪咪弓起背，伸了个大大的懒腰。它慢悠悠地走向窗边，窗外美丽的景象一下子就让它清醒了。皑皑的白雪覆盖在整片农田上，像是冬姑娘为麦田盖了一层白被子！

"雪"被子也能保暖？

咪咪很为"雪"被子下的麦田担心，这么厚的雪会不会把麦田冻坏呢？其实这件"雪"被子真的有棉被的作用，当积雪覆盖在农作物表面上时，冷空气也被隔离在了农作物外面，地面的热量被保留在"被子"里，冬小麦在积雪的帮助下就可以温暖地过冬了。但是在气温长期处于零下的地区要警惕，这些地方普遍雨雪量较大，融化的冰雪还是可能会给冬小麦带来伤害的。

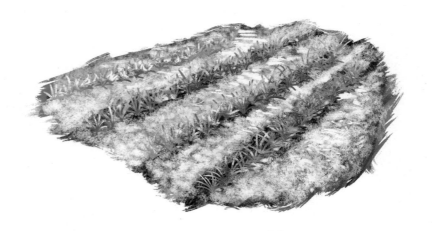

在冬天生长的冬小麦

一场大雪对于在冬天生长的冬小麦来说无疑是最甜美的甘露。在9、10月份播种的冬小麦，到第二年夏末秋初的时节才收获。冬姑娘送来的雨雪可以让缺水的麦田得到滋润，只有土壤里水分充足，冬小麦才能由干枯的黄色变成健康的绿色，成长为苗壮的麦苗。

雪也是肥

飘落下来的雪花有一个奇异的功能，那就是它们在降雪过程中可以吸附空气中的氮化物。当雪花落到地上渗入土壤时，雪里的氮化物与土壤里的酸性物质结合，产生奇妙的化学反应，就形成了冬小麦所需要的天然肥料，让冬小麦可以越长越强壮。

冬日梅花香

咪 咪在村子里脚步轻快地散着步,当它路过后山时,闻到了一阵芬芳浓郁的花香。这是什么香味呢?咪咪被这迷人的香气吸引着,它不由自主地向山上走去,在那里,一棵傲然盛开的梅树在静静等待它的到来。

为有暗香来

一朵朵红艳的梅花在被雪覆盖的枝头上孤傲地盛开着,它的香气浓烈清幽,在寒冷的空气中还带有一丝清冷。凛冽的寒风将梅花的香气传送得很远,咪咪就是在这股暗香的指引下来到了梅树身边,成为这个冬日里第一个观赏到寒梅盛开的"小游客"。

梅花的种植

咪咪看到的梅树是山中自然生长的野梅,如果我们想自己种梅花,应该如何种植呢?人们最常用的种植梅花的方法是嫁接,将梅树的枝嫁接在杏的砧木或梅树的实生苗上,这种方法可以使树苗生长发育快,开花时间早,梅树的品质也能得到保证。

梅花为何冬天盛开?

梅花原本生长在南方,后来才被人们引进到了北方。南方血统的梅花能受得住北方的寒冷,还多亏了它自己的好体质。梅花对土壤的要求不严,即使是贫瘠的土地也可以顽强地生长。它的抗寒能力也很强,一般的梅花最多可以忍受零下10℃的低温,而梅花家族中最不怕冷的杏梅,在零下25℃的寒冬里也可以傲然挺立呢。

猫冬，怎么"猫"？

寒冬腊月里，咪咪最惬意的时光就是在小主人和爸爸妈妈出门的时候，自己窝在热乎乎的炕上睡大觉。可它最近发现，放了寒假的小主人一直待在家里，爸爸妈妈也不出门了，难道他们也像自己一样，要"猫"在家里过完冬天吗？

休耕养息

　　"猫"在东北方言中有"躲藏"的意思，"猫冬"的意思就是躲在家里过冬。人们"猫冬"其实是有依据的。深冬季节寒风凛冽，大雪纷飞，这样的天气人们无法劳作，就只能像猫一样窝在家里过冬。而且村民们辛苦劳作了一年，在秋天收获了大批粮食和蔬菜，也是时候休息一下，享受不用工作的时光了。